Praise for *Welto*

For people who need help getting through this crazy world we are living in today, *Weltonisms* is the book for you. It's an inspirational collection of memorable quotes from a man who lives these quotes on a daily basis making him one of the most wise, considerate, humble men I have had the pleasure of working with.

If you want to be successful in both work and your personal life, *Weltonisms* is a must read. Welton James lives his life and motivates so many people by following these quotes. As I read this book, I couldn't keep the smile off my face. I could hear Welton saying these words to employees and friends. Everyone in this difficult world we are living in today will benefit from reading this inspirational book. Hats off to a friend, coworker, an all-around awesome guy for taking the time to put the Weltonisms down on paper. They definitely will help so many readers improve their lives.

PAM POPIELARSKI
Former President and General Manager
Tropicana Casino & Resort

Weltonisms: Ancient Wisdom for Modern Problems is a terrific read and enables the reader to enjoy a plethora of affirmations and thought-provoking "Weltonisms" that Welton shared over the many years of working collaboratively in the gaming industry. He is a consummate professional.

I will be forever grateful for the role that you played in my career development! You make this world better!!

DAWN CLAYTON
President, General Manager
Thunder Valley Casino Resort

I had the privilege of working with some of the most talented, intelligent, and accomplished individuals in government and in the private sector. Welton James ranked among the best, the brightest and the kindest and has been one of the most generous with his time.

His reality and management style was inspirational. He accomplished his corporate goals because he led with a shared vision and always believed that his staff never worked for him but with him.

REYNALDO MARTINEZ
Former Chief of Staff
United States Senator, Harry Reid

Back when I worked with Welton, I looked to him as a true leader. He was (and still is) a person who demonstrates the behavior he wants to see in others. His Weltonisms just added another level of humanity with intellect, kindness, love and wisdom to his leadership style. My favorite: "I do things right because I'm lazy" is one of my favorites because it makes you think twice and it's smart.

MAUREEN SIMAN
Director External Communications
QVC & HSN

Welton's book is light-hearted in nature and provides an escape from the mundane. You will enjoy this lifetime of pithy quotes filled with wisdom, a touch of humor, and an appreciation of a life well-lived.

REVEREND KEVIN MATLOCK
Minister Pastoral Care
Crosslife Church

Rare it is to find a truly wise man who can make sense of life's often confounding realities while generously offering practical, mind gripping wisdom destined to contour our life's path to success and contentment. Welton James is that man! *Weltonisms: Ancient Wisdom for Modern Problems* is an adventure that will make you think deeper, feel more alive, and live more creatively than you have in recent memory. In the process you may begin to consider and know the One who is behind all true wisdom, and find skill for life and joy you've always wanted! Read, smile, and grow wise.

REVEREND DOCTOR PETE ALWINSON
Founder/Teacher
FORGE

Almost a decade and a half ago, I was fortunate to meet Welton when we were experiencing a unique Central Florida Christian leadership program together. From our very first conversation, and with every interaction since, he has continually left me inspired by someone's quote or famous last words, or pondering some new concept or profound life lesson. Often Welton's insights are based on his own experiences, and his expressions, now known as Weltonisms, always seem to connect a positive thought and a powerful meaning; something to contemplate beyond the obvious. I have come to admire Welton's special "gift" and his willingness to share it with others.

Hopefully, you will enjoy reading *Weltonisms: Ancient Wisdom for Modern Problems* and find it to be thought provoking and inspirational.

RICARDO DAYE
Human Resource Director
Orange County Government

Any conversation I've ever had with Welton has been rewarding on its own, whether about music or the state of the world, invariably, there's always a tootsie pop prize you know is coming—a Weltonism. Every time.

You'd think I would have gotten some paper and a pencil at the start, but without fail, I'd have to break his flow and put him on pause so I could write down whatever treat he was giving me. I encourage you to keep a highlighter nearby, because there will be keepers!

JAN WHITEHOUSE
Director TV & Radio Outreach
WUCF-TV/FM, University Central Florida

I had the distinct pleasure of working with Welton James not once but twice. First at Resorts International and then at Tropicana Atlantic City. Early on in my career in hotel management Welton was one of my mentors and helped guide me to embrace the concept that we are in the "Hospitality" industry and NOT the "Hostility" industry.

Superior customer service comes natural to Welton as it's part of his DNA. He taught me to do the right things for the right reasons, as well as under-promising but over-delivering. I am forever grateful to my friend Welton who long ago took his time with a young man at the Front Desk who wanted to succeed and progress. It is because of his time, effort, attitude and leadership that I embraced the hospitality industry and I am a better Executive because of it.

JIM ZIEREIS
Vice President, Hotel Sales
Caesars Entertainment

I worked with Welton for nearly twenty years. Welton's role was to create memorable guest experiences, which included being solely responsible for turning negative experiences into extraordinarily positive ones at the largest hotel in New Jersey. Welton was born for this role!

What I hope that you visualize while reading this wonderful book of inspiration is the magic man in action. Welton ALWAYS greets everyone, first with a smile that melts away fear, anxiety and anger. That natural smile gives him the opening to change your minute, hour, day and life into a more positive experience through storytelling and Weltonisms.

Those of us lucky enough to have been influenced by Welton know the profound impact that he has on the daily lives of EVERY PERSON whom he treats like guests in his home. Welton always leaves a person better than he finds her/him. You are next.

DONALD HOOVER
Dir. of Enrollment
International School Hospitality, Farleigh Dickerson University

Weltonisms is a read that presents wisdom is a whimsical way, but serious enough to give its content credibility. So much so that you want to adapt much of it for your own life and are often left thinking, I wish I would've thought of that. To gain wisdom in a non-burdensome way, get this book for yourself and someone you care about. Life is too short not to.

VICKIE MARTIN
Executive Director
Christian Help Employment & Resource

Weltonisms: Ancient Wisdom for Modern Problems is a veritable gold mine for those who seek the treasure of wisdom—true wisdom gained through life's experience. It is certain to enrich all who read it.

ROBERT ALLEN
Principal & Owner
Winning Edge Gaming Solutions

Welton James is a long time friend from my teenage years when I was learning how to dance with the young ladies. I knew him as "Squeaky" who could dance better than the whole crew.

His steps were smooth and he had a flow that made all the girls want to dance with him ... Lol ... While asking him about his dancing skills I realized his mind was sharper than his steps, and more than that he would show all of us the latest steps while throwing out these genius statements that I thought must be coming from a very old soul. We were the same age but his quick wit and wise statements put him in "THE FONZ" category ... As I read his book I knew it was written by my friend Squeaky. This book took me back to a very important growth period in my life, and I realized I was smiling the whole time I was reading it. I encourage everyone to stop what has you so busy and read this book. It will give you a peaceful, knowledgeable and happy, warm glow in your spirit and who doesn't need that in the world today. Thank you Squeaky.

BUTCH INGRAM
CEO/Owner
Society Hill Records/The Ingram Music Group

The one piece of advice that Welton gave me during our first conversation that I will always remember is that "you can not change a person's mind, you can only present them with new information and they decide what they want to do with it."

I am thankful to have Welton as a mentor and a friend.

SHAKERA QUINCE
Executive Assistant General Manager
Amazon

Welton has been a tremendous asset to our team for many years. His effort, patience, example, loyalty, friendship, and results have become the keys to his leadership. It has impacted our team so well! The experiences and knowledge that he has been able to share with so many people have provided a pretty quick level of learning for those he comes in contact with. His delivery style gives "it" a chance to sink in and be appreciated, which ties very well to "the teacher is teaching if the students are listening."

I look forward very much to *Weltonisms*.

WADE ONEY
Former CEO/President, Papa John's International
President, Jed Companies dba Qdoba Mexican Eats

To Team O Leaders!
Rock on and Good
Fortune!
Welton J
2021

weltonisms

ANCIENT WISDOM FOR MODERN PROBLEMS

WELTON JAMES

HigherLife Publishing & Marketing
PO Box 623307
Oviedo, FL 32762

AHigherLife.com

Weltonisms/ Welton James – 1st ed.
Paperback: 978-1-951492-71-7
Hardcover: 978-1-951492-91-5
EPub: 978-1-951492-75-5

Cover art:
Background texture: Photo 143018714 © Yufa12379 | Dreamstime.com
Light bulb man: Illustration 155495528 © Alexander Pokusay | Dreamstime.com
Bow tie: Illustration 164407445 © Alexander Pokusay | Dreamstime.com

10 9 8 7 6 5 4 3 2 1

DEDICATION

This dedication is 30 years in the making, so it requires a little more than a paragraph. First, I would like to honor my mother and father, Welton Sr. and Deborah. Starting in a coal mining camp in Affinity, West Virginia, they gave me everything I needed in their DNA.

To my brother LyBroan, my first champion, who saved me from my good intentions more than once. If you saw him in a fight with a bear, it was the bear needing help. To Mary and Deborah Anne, my sisters, who never gave up on me even when I was commuting from the moon. To the Reverend Canon Donald Greisman, my first mentor; his advocacy for the poor was thwarted by bureaucrats, so he took off his collar, went to law school, and gave City Hall hell. He was fierce and helped me be myself.

To my children, Captain Zsakhiem James (Camden, New Jersey Police), Yusef, Tamu & Welton Andrew, Christopher, David, and my gifted grandkids. To my good friend Wade Gosnell, my best friend Shaheed El Amin (Lou Gray) and a special memory goes to my late Godmother Ollie Pridgen. To all the people who for the last thirty years often said, "you should write a book." If each one of them purchase a copy, this will be a runaway best seller. And to Reverend Pete Alwinson, who not only told me I should write a book, but also said, "I would like to introduce you to David Welday; he is a publisher and one you can trust."

To Janice Yong-James, mother of Christopher and David and the wife I never dared dream that I would have. Our first date was on her 18th birthday and we have spent few days apart since then. "You can stare in the mirror for hours and you still won't see the back of your head." If you are lucky, God will send you someone who will not only love you, but also give you honest counsel and the view from your blind side.

Finally, and most importantly, I thank God for, among other things, saving me from a world of drugs, alcohol, and fear. According to Mark Twain, "The two greatest days in a man's life are the day he is born, and the day he learns why." Adding value to others is a big part of my why. With this book I hope I meet that goal.

Welton

INTRODUCTION

Weltonisms is a collection of quotes titled and inspired by my coworkers at Tropicana Hotel Casino in Atlantic City. According to them, *Weltonisms* characterizes the way I express myself. Since time immemorial, people have taken snippets of conversation or a concept and have spoken them in a way that requires the listener to analyze the message and extract the wisdom. One whole book of the Bible is dedicated to this form: Proverbs.

From ancient times to the present, in every land and amongst every people, wisdom has been passed down in the form of "sayings" or quotes. My goal in publishing these quotes is to speak wisdom, too, in a language designed to make the complicated simple.

My Weltonisms, the quotes within, belong to the Universe; I can't take credit for them all. Throughout my life I have accumulated "sayings" from my life, from every culture, created a few of my own, and made them commonplace in my mouth. It never mattered to me if it was Socrates or Junebug Jabbo Jones; if it struck the right nerve, I welcomed it into the family.

I credit my perspective to my parents and grandparents. I was born at home in a one-room coal miner's cabin in Affinity (means kinship), West Virginia, in the spring of 1947. My father, Welton Sr. was paid in script, which looks like a subway token, and was only redeemable at the coal mine company store. By the time your rice, beans, pick ax, and other assorted items were subtracted from your pay, you were back in debt.

That coal mine broke his back and fractured his skull, but it never took away his "gift of gab." Boy, did he ever have the gift. Some called it "macaroni" or the ability to "mac." Well, Welton Sr. had the macaroni, and my mother, Deborah (or Mrs. James, as even ladies older than herself referred to her), was the cheese!

I am truly my father's son. You know, "the apple doesn't fall far from the tree." My mother, Deborah, had a lot quieter style, but was just as effective—you know, the "it's better to keep your mouth shut and have people think you stupid than to open it and let them know."

From my Dad I received the ability to get invited to places and engage people, and from my mother the style and behavior to get invited back again. Growing up around a neighborhood of grandmothers, I was taught lessons of responsibility in a compact form. It is my mission to share these, especially since young people no longer spend appreciable time with the parents of their parents. I love to bring these lessons to life; it is my gift to the world. Hopefully *Weltonisms* will be a worthwhile gift for you to give as well.

And now the book: Enjoy and learn from this collection of quotes from everywhere and from everybody. May you find the wisdom intended, and if you can't, then feel free to ask me.

—Welton James

welton@weltonjames.com

You trust your Mother
but you still count your change!

Experience gives you the test first
and the lesson later.

Triumph is just a little "tri"
followed by a little "umph."

You don't need to know the answer
if you know where to find it.

Most are good at not trying and
spend considerable effort to perfect it.

Gratitude is the soil that grows balance.

Put down a negative, pick up a positive, but make them of equal weight or the negative will reoccupy the space.

Charity is a secret.

You may see farther from the top of a mountain, but you will touch nothing while there.

Any music that you allow to touch you is good music.

A fist is a hand that is afraid.

Vision is 20/20 hope.

It's hard to see where you are going
if you can't accept where you have been.

Money by itself is not wealth,
it is just one type of possession.

The more things you own,
the more things that own you.

You are not free until you find discipline.

Sleep is proof that you were
meant to fast.

Examine your motives;
they will order your steps.

Chain an elephant or a man,
then replace the chain with a rope.
One tug and he might give up;
he thinks it's still the chain.

More than anything from my youth,
I miss my afternoon nap.

Peace is absolute quiet
followed by silence.

Prayer and talking to God are not the same thing; meditation is more than shutting up so that God can have a turn.

Golf got its name because all the other four-letter words were taken.

Keep one friend under the age of six and one over the age of sixty; it's the front and back door of life.

Stop looking for smooth mountains
to climb.

Giving of yourself is your
most renewable energy source.

If you think education is expensive,
try stupidity.

Try to be more interested
than interesting.

He who poses the question knows
which direction he wants the answer.

A month is not always 30 days and a week is not always seven days; patience.

Power is not always smart, but knowledge is often powerful.

Experience is the best teacher, especially when it is someone else's.

The least you can be is cash register honest.

A person without a philosophy is like a ship without a rudder.

When I am right, I grow too large,
when I am wrong, I shrink,
therefore, I just listen.

Work is one of the few things that
you can will yourself to do for
eight hours in a row.

Be able to appreciate music that
doesn't have words.

Have advisers older than your friends.

God never pretends to be the Devil;
however, the Devil pretends
many things.

A person changed against his will
is of the same opinion still.

If they sleep, don't wake 'em.

Without faith, vision is of
small consequence.

The finish line is never
in the middle of a race.

The reason I look so young,
I was just born again.

Feed a child long enough
and he will look like you.

I do things right because I'm lazy.

The same spotlight that lights you up
will burn you up.

The demon only has the power
you grant.

I can't be explained; I'm a miracle.

Five magic words: never, never, never give up.

Death comes with the loss of hope; rebirth happens when it is found.

I had to become my own child.

More is not better, just more.

Most people are about as happy as they make up their minds to be.

Three marriages mean, at the least,
that I have a very poor memory.

Sex has never been free
and never will be.

All of your years are not in your mirror.

Possession is not discovery.

Think twice, speak once.

True loyalty never requires blindness.

Unsuccessful people take advice from each other.

Don't compare, relate.

Self-pity and gratitude can't occupy the same space.

If only you knew your talent and I mine.

We all do amazing things that look like no effort.

You can't raise a wife;
you can't marry a flower.

Pray for success, but look for a job.

Trust in God, but lock your safe.

To choose between bread and water
is no choice.

You can't use a clock to find patience.

If you pray for comfort,
you might receive socks.

There are no young wise men.

Love will make you shoot yourself
in the personality.

First is an idea.

If you can see it, you can be it.

Don't count your chickens
before they are hatched.

It takes two to tango
but only one to dance.

He who cannot dance
should not curse the drum.

Babies were not meant to have babies.

May you already be in heaven
before the devil knows you are dead.

The road most travelled
is usually poor of profit.

Even the poor man has
many things of value.

Give people flowers
while they can smell them.

Wishes won't fill your hand.

Rich and wealthy are not the same.

If a bus is late, you still catch it.

It's often easier to get forgiveness
than permission.

Past practice is not always a sign
of future performance.

Excellence is the result of
committed habit.

A hard head makes for a soft behind.

Fight for your race—the human race.

Only the mediocre
are always at their best.

Happiness is a result of attitude,
not circumstances.

Talent should not be a description to minimize your efforts and hard work.

When the guard is on duty, he is a prisoner as well.

I was single and incomplete;
I'm married now and just plain finished.

Never pull your oar when others are still rowing.

Only a fool assumes that the other fellow is a fool.

Argue with a fool and
it's hard to see who is whom.

Money is best as your servant
and worst as your master.

Fear of need is worse than fear of want.

Pride is the enemy of success.

Children, let your mother's knees heal.

Coincidence is the belief that
God takes a day off.

Trust neither the dog nor the owner,
regardless of their wagging tails.

All who do not have families
are not to be pitied.

The sign says beware of dog;
fear the person who placed the sign.

Secrets kill.

Good manners are good business.

The best need not be
the center or the lead.

The person out front is not always
the leader; sometimes he's the
one being chased.

You should have your own music.

If the world only had smart people,
surely there would be an absence
of kindness.

Common sense is the
most formal of educations.

Organization is a talent that you can learn, after you learn the skill.

If you really need one,
God will send you another mother.

Most of the important stuff
I learned at home.

Fear is not an outside force;
it is an inner wall that hides courage.

It is better to be seen picking your nose
than to be seen needing it.

You can pick your nose and you can pick your friends, but don't get caught picking your friend's nose.

If you were accused of being a decent human being, could you find twelve people to review the evidence and find you guilty?

Stand for something or you will fall for anything.

Charity: giving away what you cherish most.

A fool puts money in a hole
and expects a money tree to grow.

When your reasons start to include
others, they become excuses.

Get all your facts straight
before you distort them.

When my wife wants my opinion,
she will tell it to me.

It's good you don't drink any more;
it's a shame you don't drink any less.

Trust a wife you treat kindly,
that is wise; trust one that you
treat badly and you will wise up.

It's hard to hit the goal
if you can't see the target.

It's easy to see the lint
in another person's hair.

Your ship's course is defined by the
small rudder of what you think of you.

Myth is a bigger enemy of truth
than a lie, and is much harder to kill.

Walk on the ice, skate on the ice,
but never stomp on the ice.

Love requires less sense than effort.

Give a book as a gift;
you might get back a teacher.

Pay attention: menial labor has
become low paying careers.

Fear is the ultimate ability blinder.

The question rarely asked:
Is that the best I can do?

I have fooled me often
and my mother seldom.

Dishonesty is the breaking
of a contract with yourself.

Positive one is the greatest
numerical multiplier.

My hardest tasks: trusting my own
judgment, getting out of my own way.

Quote your grandparents.

Born a year after me, I promoted her; she's now my older sister.

My brother was an only child.

Being smarter than your boss is not smart.

Think about it; you do that better than anyone.

Even though it's the same river and you are standing on the same shore, it's not the same place in the river.

What you give yourself dies with you; what you give others lives on.

Excuses are the language of practicing failures.

It takes your whole life to become a failure.

Women are usually the
housekeepers during the marriage,
even more so after the breakup.

Goals stop working
around the same time you do.

The dumb question is the one you allow
to bounce off all the wrinkles of your
brain and not let it escape.

If you lay down enough manure,
you will certainly attract
a few admiring flies.

If you insist on giving up the
admiration of many for the
criticism of one, get married.

If you know how much you are worth,
you set your standards too low.

When one is in love,
patience is in short supply.

He who burns the candle at both ends
usually ends up short of wick.

All who dislike you
are not your enemies.

There is the truth and the damn truth; the latter is not meant to help.

Never ask someone to keep a secret you couldn't.

If it doesn't come out in the wash, it will come out in the rinse.

Never call a man who is walking your way.

A coward will sweat in the river.

The smallest potato
is the hardest to peel.

Don't throw water in my face
and tell me it is raining.

Never wink at a girl in the dark;
you know what you are doing,
but she never will.

Nothing comes to a sleeper but a dream;
when he awakes, it is gone also.

Enough money?
Enough to burn up a wet elephant.

Enough money?
Enough to make an elephant a zoot suit.

Beware the light at the end
of the tunnel; trains have lights.

I'll bend over backwards for you,
but my posture only goes so far.

When in a pool of sharks, don't let what
comes out your mouth resemble baloney.

Keep your mouth shut, they may
think you stupid; open it
and they will know it.

Argue with a fool and a stranger will not know who is whom.

Don't stand on another's shoulder to decide where you are going.

People can tell you how you are doing, but don't depend on them to tell you where you are going.

Be careful what you ask for; it will often come wrapped in a difficult package.

God always answers my prayers; thank God, it is usually with a *no*.

God bless the man who walks from the darkness into the light; God damn the man who walks back into the darkness.

Count only the times you get back up.

A man is not a failure until he thinks quitting is his best option.

Money will not stop you from being a thief.

Life is about work, not about having a job.

You have no choice about relatives;
take time in picking your friends.

Don't pray for rain
and then pray for an umbrella.

Even a mouse has more than
one hole in his options.

Capture the head, the tail will follow;
capture the tail and the
head will bite you.

The road to success is littered
with volunteer dropouts.

Mother Teresa said no to anti-war rallies and yes to peace rallies.

Every shut eye ain't asleep.

Lack of money is also one of the roots of evil.

Excuses, excuses; if a frog had wings, it wouldn't bump his rump when he jumps.

Dad told me a mosquito could pull a plow. I didn't ask him how, I hitched one.

What I won't do at work:
illegal, immoral, and dangerous.
Everything else I do.

First the man takes a drink,
then the drink takes a drink,
then the drink takes the man.

The poor man says, "If it has four legs
and it's not a table, eat it."

Don't let your mouth write checks
that your rump can't cash.

There is a difference between
alone and lonely.

A dumb child knows its mother;
it takes a smart one to know the father.

Everybody hates a thief,
but those without principles
want to buy the goods.

You can't stick your hands in a slop jar
and bring them out clean.

Don't treat yourself right
and others will follow your lead.

There is no substitute
for having earned your own.

Everybody has a price;
I pray you haven't heard yours.

When asked where you are going,
don't answer with where you've been.

Plant the right seeds in your children,
then pray for gentle rain.

You don't have to be a weatherman to
tell which way the wind is blowing.

Never dance on another's grave;
it's quicksand.

Plenty of truth comes out in jokes.

You are never too old
to do as you're told.

May the job be big or small,
do it right or not at all.

Self-inflicted pain is the worse.

Take a stand in the middle of the road and you will be hit by traffic from both sides.

If it looks like a duck and quacks like a duck, don't go out and buy dog food.

Don't let your mouth lead you to where only your rump can get you out of.

Your friends are a reflection of yourself.

The apple doesn't fall far from the tree.

He was my friend even though I've seen better faces on an iodine bottle.

Keep your head out of your own thoughts; it improves your hearing.

Don't pray to get your head
out of the lion's mouth
and then take all of the credit.

Don't lie down at night with what would be scary in the morning.

Lie down with dogs, expect fleas.

If the leash is long enough, your dog will end up in someone else's yard.

People become what they hate the most.

It is easier to see your ears than your faults.

A fool and his money will soon party.

Though the lake is still don't mean there ain't no gators in it.

Watch where you tread;
alligators don't bark.

You need not be notable to be quotable.

Did your mother have any children
that lived with kindness?

Paranoia might be exaggeration,
but it might be also coming attractions.

Man eats when he is not hungry,
drinks when he is not thirsty,
and has sex not to continue his species.

Never assume you can afford things that are free.

It is better to give a drunk a drink rather than coffee; who needs a wide-awake drunk?

Drunks are not prophets of the truth; they bump into it occasionally, like they do everything else.

Giving will make you smile; giving and remaining anonymous will make God smile.

Anonymous gifts will be rewarded later; known gifts, that is the reward.

Getting high is getting as close to death as you can get without calling it attempted suicide.

You will never be successful celebrating every weekend; that's 104 holidays.

Trust has more to do with you than the other person.

Happiness has more to do with attitude than circumstances.

God does have a sense of humor;
look at your cousins.

You can buy style; you can't buy class.

Information is everywhere,
knowledge is gained by a few,
but there are no young wise men.

Surest way to find a good woman
is be a good man.

If you can't find an honest man,
look in your mirror.

It's hard to say what you mean if you don't mean what you say.

I don't have to like you,
but I have to love everyone.

Hate is using a shotgun
that shoots backwards.

Resentment is like getting
stung to death by one bee.

All negative emotions are driven by fear.

Everyone loves a clown, except his wife.

The present need not be a casualty
while the future is planned.

Saved money is spent more wisely.

If you really want patience, wait for it.

All who say no are not naysayers;
the naysayers are the voice of
Satan in disguise.

Never: an English word
that means next year.

Don't quit; life grades on a curve.

Asking someone to keep your secret
is like asking him to hold water
in his pocket.

Every goodbye is not gone.

If the devil can't get you with bad luck,
he will give you prosperity.

Love: the hunter is captured by the game.

It's better to work on your qualities than your future.

It is better to have loved, period.

Ugliness will make a blind man wince.

Hopefully your children will give you time for your knees to heal.

Your children will become you.

Adult: a person who thinks eating is more important than playing.

One foot in tomorrow and
one foot in yesterday
leaves no room to stand in today.

People often act as nice
as you convince them to be.

Regardless where you go,
don't make ice cream out of yellow snow.

Dilemma: my enemy was on fire
and my bucket only had ice.

Articulate—it is more than just speaking well.

Count your blessings more than you count your money.

It is better to have and not need than to need and not have.

If you see me in a fight with a bear, help the bear.

The idiot is happy without choosing it.

Never curse anyone without knowing
who owns the bridges.

Men and boys will pay everything
for their toys.

Sometimes it's better to let the door hit
you in the rear rather than your face.

You can delegate the work
but not the responsibility.

Delegating upward is like getting
a stream to run uphill.

Sometimes you eat the bear and
sometimes the bear eats you.

A fool ignores advice;
a wise person takes it or leaves it.

Forcing your opinion is like
exposing your underwear:
either way, it is not good.

Never play leapfrog with a unicorn.

Never insist on the right
to be loud and wrong.

Be aware of peer sabotage.

When two liars argue
the truth might come out.

The speed of life is measured backwards.

A thief doesn't need a thing of value
to steal.

Strife is the space closest to your goal.

Indiscriminate sex: attempted suicide.

Never give a friend a knife as a present.

One teacher is worth
a thousand counselors.

Measure the kindness of a person
by how he treats an idiot.

Pay yourself first; no one else will.

You can't change to whom, where,
and when you were born;
you can change what you will become.

Wisdom requires time.

There is but one truth.

Some of my best friends
are actually friends.

If you insist on putting a price on
friendship, loan them money.

Hell has many rooms;
some are occupied by the living.

I've been to hell; this ain't it.

Give away all your fairness;
you will never run out.

A fool with money is a fool with money.

Success measured by money
will always come up short.

Sex can be a four-letter word.

You can't count all the souls who have
helped you; some you haven't met yet.

Experience is not the best teacher, just the hardest.

A friend is a reflection of yourself.

The more you cry, the less water you have for later.

Never bring your troubles to your bed.

Character is developed when times are bad and demonstrated when times are good.

Character comes from the word chisel;
it is better when you use it on yourself.

Measure your efforts
rather than your riches.

Evil is rewarded by evil,
often not at the same time.

Greatest female titles on earth:
mother, wife.

We name ourselves by how
we speak to others.

Counterfeit looks real also.

Who you are is more important than
what you are.

In the parade of life,
let someone else beat your drum.

A coward will sweat in the shower.

If you can't go somewhere special,
be special wherever you go.

Time travels at the speed of childhood.

I'm not the smartest one in the room,
even when I'm in a nursery.

You will never be
the smartest person you know.

When I'm in a room by myself,
I'm not the smartest person there.

It's what you learn after you know
everything that is the most important.

Marriage often ends in grand divorce:
about fifty grand.

It is better to be wise and poor
than a fool with money.

Sober judgment is more
than the absence of drink.

Problem people are usually
people with problems.

A man of quality does not fear
a woman of equality.

Only a woman can have a boy;
it takes a man to make a man.

Thought is important in practice;
action is needed in the game.

The world and you will never
stand still.

A wise man can fall into a rut; he also
knows that to get out, he must climb.

If you had no faith, you would never
willingly go to sleep.

Locks keep honest men out;
a thief brings a hammer.

The young try to see through you,
the wise try to see you through.

Abuse is the absence of love,
not the cause of it.

I prayed for riches;
God gave me children.

The only one-sided subject
is the Creator.

Good sense is better than a good time.

If you can't beat them, outlast them.

Does it take four kicks to find out
that a mule doesn't give milk?

Many will die rich;
they just won't have any money.

Change the sail; don't try to
change the wind.

A good leader spends only
a small time out front.

It is better to know the value
than the price.

Where you start out may be
where you have to hold out.

People call you what they think you are;
change or they are right.

People who think that money will do
everything will do anything for money.

You can't get out of a failure hole
with a shovel.

Some are not afraid of failure;
practice makes perfect.

A life worth living
is a life worth self-examination.

Sometimes when God closes a door,
he does not plan to open a window.

A hungry dog is an angry dog.

Actions are obvious; motives are not.

Stand as long as you want in a mirror,
you won't see the back of your head.

You can run out of answers;
that's why you were designed
to never run out of questions.

There is more to a subject
than meets the eye.

The sad thing about a jerk:
there is always an available companion.

There is only one direction
you can coast.

All the forces of nature are contained in a friendship.

The older I get, the smarter my father becomes.

Luxury is the opposite of necessity.

No one gets smarter by accident.

"If only": the motto of the underachiever.

Failure requires effort and a lifetime.

The seeds of the problem
hold the solution.

Sitting at a table
doesn't make you a diner.

Once spoken, a word can't be retracted.

Those that think they are
better than you don't usually act it.

The most important privilege
is that of being yourself.

Intelligence is knowing
when to have a closed mouth.

Your family needs your presence,
not your presents.

Those who would make a long story
short missed that chance
fifteen minutes ago.

Behind every successful man
is a surprised mother-in-law.

Be humble; you might not have been
your wife's first choice.

Behind every successful man
is an invisible footprint.

Managers are a dime a dozen;
leaders are priceless.

The best-dressed man is the man
who paid the least.

I won't love you if you let others
throw rocks at me.

The best time to stop a fire
is before it starts.

If someone thinks exactly like you,
one of you isn't necessary.

You can't hide from your fears;
they know where you live.

Never wrestle with a skunk.

A snake doesn't change
because you feed it differently.

Old flames singe more than your edges.

Even an idiot can criticize.

Love is a friendship that caught on fire.

Love is not a thing you change;
it's a thing that changes you.

Liars need good memories.

The person who brings the message
has two messages.

You may forget who you owe;
you seldom forget who owes you.

Life is fairly fair.

Age is a question of mind over matter;
if you don't mind, then it doesn't matter.

Your disgruntled customer seldom lies,
but he usually exaggerates.

A man's logic is no match
for a woman's intuition.

The person who knows how
will have a job; the person
who knows why will have a future.

My position on life after death:
I'm for it.

The work will wait while you show your son the rainbow; the rainbow, however, will not wait.

We don't err because truth is difficult to see, we err because it's uncomfortable.

Happiness is contagious; be a carrier.

The right become wrong as they increase their volume.

You need not be a great man to do great things.

You can make a rooster
think it is sunrise.

Loyalty is on the high road;
there are no rest stops.

To listen to advice is smart;
to ask for it is wise.

If you don't stand for nothing,
nothing will stand for you.

I'm not fifty; I'm 18 with
32 years of experience.

If you have no history,
you have no roots.

Spend your life looking backwards;
you are certain of a quick trip.

Necessity is the mother of adaptation.

If you can't say what you mean,
you will never mean what you say.

The fact that I try to please God
pleases God.

When you are doing what you love,
the world is on hold.

Keep putting your head in a lion's mouth;
you lose more than your hearing.

Inner strength is like a cave with a
quiet stream running through it.

Only those who step up to bat
have a chance at a hit.

You can't erase it if you can't face it.

It's easier to give advice
than to accept it.

People are usually more interested in
your stories than your advice.

Stretch your mind with new ideas;
it will never return to its
original dimensions.

We really don't know where we have been
until we return to where we are.

You can't cook with cold grease.

You can't have a rainbow without rain.

The older the moon,
the brighter the shine.

The road to knowledge
begins at the turn of the first page.

A strong imagination and a weak mind
are a dangerous combination.

A half-lie is harder to erase.

All lawyers are not bad, but I've never seen a snake with a briefcase.

The greater the emotion, the farther from the pure facts.

Happiness is an attitude, not a condition.

Stretch a buck and stretch your luck.

Knowledge is not sense.

Knowledge is not the same as wisdom.

Don't spit against the wind.

You can marry more money in a minute
than you can make in a lifetime.

Pursue character rather than comfort.

If you don't want it to rain,
carry an umbrella.

Even a lamb in a corner
will come out fighting.

A great man is even greater
the closer you get.

If a lion leads a pack of deer, fear the
deer; if a deer leads a pack of lions,
fear not.

The moron gives orders
to the back end of an animal.

Few things are exciting
when the outcome is known.

A challenge is an opportunity
in disguise.

You can't always pack
your own parachute.

If you are always looking for crooks,
you'll miss a lot of honest people
in between.

My favorite leader stayed mostly
by my side.

If you are drowning, don't question
who made the life preserver.

If you have to go into the gutter,
keep one foot on the curb.

A man who commits adultery
is missing more than judgment.

Don't use a hatchet to remove a fly
from a friend's forehead.

Hunting is either noble or savage,
depending on whether you are
feeding or sporting.

Diligence is the mother of good luck.

Before you borrow from a friend,
ponder what is more valuable.

Lust is love that has lost its mind.

A fool can always find a greater fool
to admire him.

A good scare is worth more
than good advice.

Don't speak if you can't improve
the silence.

Listen closely to the words
of an angry man.

A small leak will sink a great ship.

The man whose tongue is always sharp will eventually cut his own throat.

Profanity gives the impression of unintelligence.

A house without books houses a fool.

If you talk too fast, you might say something you haven't thought of yet.

Best description of a double-minded man: pseudo-nothing.

We might be at the same place, but we didn't start from there.

Give your memory to your friends and then keep them close.

Starting again is not the same as catching up.

Leaders have scars.

If your Ark starts to sink,
get the elephant off first.

Weeds don't need fertilizer.

Struggling is not the same as failing.

The key to success is hidden
under your alarm clock.

Be careful when you declare that a
whole race is less hardworking, less
intelligent, less patriotic, more violent,
and less internationally important.

You can't run with the big dogs
while acting like a pup.

You can't pull something
that's not leaning your way.

Not worthy of debate:
how many bubbles in a cake of soap.

Some people are lower
than a snake's belly.

Work is the first gift given to man.

When God gave out brains,
some thought he said trains
and still missed it.

Truth often comes out in jokes.

The problem with a self-made man is
he usually worships his creator.

God often acts and remains anonymous.

One way or another, your children
will become you.

Customer service: allowing people to be the nice person they want to be.

Own at least one suit that makes you feel like you could go bear hunting with a switch.

Be careful when you leap over someone; he might have a little unicorn in him.

Failure is hard work and takes a lifetime to measure.

Who told you it was smart to give a knife as a present?

The way to Heaven is an open book test.

Remember the day that someone showed you what kindness really looked like.

Even a dog refuses to eat out of a soiled plate.

Experience allows you to act first and think later.

You cannot stand still.

My goals stopped working
around the same time I did.

When you change what you believe,
you can change the things you do.

Everyone doesn't get a seat
when life stops the music.

People in most need of advice are
usually the last to accept it.

Be the hero in your life story.

It's better to holdout than standout.

If you aim at nothing,
you will hit it every time.

You might get success by turning
your life around, but it also helps
to turn a page.

There is a difference between
discipline and punishment.

You can't always see who is
standing behind you.

For as many questions you can ask,
you can ask many more questions.

Sometimes the best man for the job
is a woman.

A man's smarts are no match
for a woman.

There are those who were born to
be out front and there were some
born to be leaders.

When you see crazy coming,
cross the street.

Wherever you go,
you take yourself with you.

Don't dive deep while learning to swim.

If all you see are monsters,
you will become one.

Not all great things were done
by great men.

You don't always get an answer,
no matter how long you wait.

Busy is good; productive is even better.

Spend equal time looking out the window and the mirror.

Sometimes no answer is the answer.

Anger does not hide truth.

Common sense ain't common.

IF YOU'RE A FAN OF THIS BOOK, WILL YOU HELP ME SPREAD THE WORD?

There are several ways you can help me get the word out about the message of this book...

- You can order these books from weltonjames.com, Amazon, Barnes & Noble, or wherever you purchase your favorite books.
- Post a 5-Star review on Amazon.
- Write about the book on your Facebook, Twitter, Instagram, LinkedIn – any social media you regularly use!
- If you blog, consider referencing the book, or publishing an excerpt from the book with a link back to my website, weltonjames.com. You have my permission to do this as long as you provide proper credit and backlinks.
- Recommend the book to friends – word-of-mouth is still the most effective form of advertising.
- Purchase additional copies to give away as gifts. Special pricing for non-profits.
- Autographed copies available in box sets.
- Book me for: Keynote Speaking, Team Coaching, DISC Assessment & Quality Service Improvement

Contact me at weltonjames.com